AF340040

NOTICE BIOGRAPHIQUE

SUR

M. J.-B. TASTE

CURÉ DE L'ISLE-JOURDAIN

DIOCÈSE D'AUCH (GERS). DÉCÉDÉ LE 14 JANVIER 1867

PAR

M. CYR SAINT-LAURENS

DE L'ISLE-JOURDAIN, JUGE DE PAIX DE LOMBEZ

In memoria æterna erunt justi et ab auditione mala non timebunt. (Ps. V.)

TOULOUSE

TYPOGRAPHIE L. HÉBRAIL, DURAND ET Cᵉ

5, RUE DE LA POMME, 5

—

1867

A

MONSEIGNEUR DELAMARRE

ARCHEVÊQUE D'AUCH.

AU

CLERGÉ DE SON DIOCÈSE

AU LECTEUR

—

La vie du vénérable prêtre que je vais esquisser mérite d'être connue de tous. Il n'en fut pas de plus simple, de plus pure et de plus respectable. La vie de certains prêtres, telle que celle du curé d'Ars, sort trop des voies ordinaires pour que l'imitation en soit facile. Il faut des grâces surabondantes, une véritable vocation de Dieu, pour atteindre ces hauteurs. La vie du curé de l'Isle-Jourdain est une vie de sainteté qui est à la portée de toutes les âmes sacerdotales.

Pour mieux l'apprécier, examinons ensemble, cher lecteur, ce qu'est le prêtre de Jésus-Christ dans la société.

Le prêtre, c'est un ministre du Fils de Dieu fait homme placé par l'Eglise à la tête des populations pour les précéder, leur montrer les voies du salut et les instruire de leurs devoirs. C'est lui qui leur prodigue les enseignements si salutaires de l'Evangile, auquel il faut croire, si l'on ne veut pas se perdre dans le dédale, dans les obscurités où mènent infailliblement, sans ce flambeau divin, la recherche et la passion de la science ; si l'on veut se préserver des fautes et des illusions ; si l'on veut se ménager une ressource au temps du remords et à l'heure du repentir ; si l'on aspire à donner un jour des lois sages, à commander par l'ascendant du génie, la fermeté de caractère, la gravité des mœurs, la sûreté du jugement et le poids de l'autorité; si l'on veut devenir maître de ses penchants, fixer son inconstance et préparer dans le séjour de l'éternité une couronne plus éclatante et plus belle que celle des conquérants.

Le prêtre, c'est un guide éclairé qui soutient dans la paroisse la sainteté des mœurs par la dignité du caractère, par la sagesse de ses paroles, par la prudence de ses conseils, par la gravité de son maintien, par la modestie de sa vie, par le sérieux des actions; qui veille sur le troupeau à lui confié avec la tendresse d'un père, avec le désintéressement d'un disciple des apôtres; qui enseigne l'obéissance aux puissances de la terre, le respect du prochain, la résignation dans les épreuves; qui assure le succès de ses instructions par des exemples; qui oublie ses intérêts personnels pour ne s'occuper que de ceux des âmes, du salut desquelles il est constamment préoccupé; qui, dans ses fonctions extérieures, dans ses rapports ordinaires, sait rendre, par sa douceur et sa patience, utiles et efficaces les devoirs attachés à son état.

C'est le médiateur de ses paroissiens auprès de Dieu par la prière, l'interprète de leurs vœux et de leurs aspirations, le père des pauvres, le confident de leurs besoins et de leurs peines; c'est le conseil éclairé de tous, c'est l'ami sûr qui, dans les revers comme dans la prospérité, se donne tout à eux.

C'est la providence des malades, empressé de les soulager dans leurs infirmités et de leur prodiguer les consolations de l'Église; c'est le bon pasteur qui va chercher les brebis égarées et qui les rapproche de Dieu, à l'abri du temps, dans le sein de l'éternité.

Voilà ce qu'est le prêtre catholique au double point de vue de sa mission civilisatrice et de sa mission spirituelle. Voyons maintenant, cher lecteur, si l'image que je vais retracer de M. Taste, pour rendre un suprême hommage à sa mémoire, est conforme au modèle.

NOTICE BIOGRAPHIQUE

M. J.-B. TASTE

CURÉ DE L'ISLE-JOURDAIN.

Jean-Baptiste Taste naquit à La Sauvetat, petit village du département du Gers, le 20 septembre 1797, d'un père et d'une mère chrétiens qu'entouraient l'estime générale.

Il était à peine âgé de cinq ans, lorsque ses parents abandonnèrent le lieu de sa naissance et allèrent se fixer à Rejaumont, non loin de leur première résidence.

C'est là que se passa son enfance, dans laquelle rien ne pronostiquait encore les destinées qui l'attendaient. Objet de la constante sollicitude de ses parents, dont il partageait la tendresse affectueuse avec une sœur qui était, ainsi que lui, les seuls rejetons de cette famille, il reçut d'eux les premiers préceptes de vertu, les premiers principes de foi. Quand vint l'âge de commencer l'éducation qu'une honnête aisance permettait à sa famille de lui faire donner, il fut confié aux soins d'un maître particulier qui tenait école à Condom. Il vint de là au collége d'Auch, dirigé à cette époque par des ecclésiastiques. L'heureux choix de cette maison ne fut déterminé par d'autre circonstance que l'approximité de l'établissement et le caractère des maîtres qui le dirigeaient.

Les exigences de la discipline nécessaires dans un établissement d'éducation, le joug de la règle pesèrent tout d'abord au jeune Taste. Sorti tout bouillant du foyer domestique, où aucune contrainte ne paralysait les caprices de son âge, il ressentit quelque surprise de la nouveauté du régime. L'épreuve était trop rude pour cette âme juvénile et encore indépendante. Que faire? Une idée traverse son esprit : quitter le collége, chercher un asile où il n'aurait pas des comptes à régler avec ses maîtres ! Trompant leur surveillance, il s'évade et reprend le chemin de la maison paternelle. Son père l'accueillit froidement ; il eut sur sa conduite des paroles sévères, et le lendemain il le reconduisit au collége. La leçon était ferme et solennelle ; l'enfant la comprit et se soumit définitivement. Il reprit ses études avec une obéissance et une ardeur qui ne faillirent plus. Sous l'habile direction de ses maîtres, il fit d'excellentes études qui doivent être comptées parmi les éléments qui l'ont fait ce qu'il devint.

Dieu, dirigeant le jeune collégien à de plus hauts desseins que ne s'étaientproposés ses parents, lui inspira de bonne heure la vocation du sacerdoce.

Le moment était venu de donner une impulsion à sa pensée adolescente et de réaliser ce qui avait fait passer dans son imagination le prestige des exemples et des principes de foi qu'il avait puisés dans sa famille et auprès de ses maîtres, et les accents de cette voix intérieure qui l'appelaient à Dieu.

Sa détermination, dégagée de toute influence humaine, fut bientôt prise.

Il voulut se consacrer au service des autels.

Il entra au grand séminaire pour faire ses études théologiques.

Ordonné prêtre le 23 mars 1822, il fut placé à l'Isle-Jourdain comme troisième vicaire.

Il débuta sous le patronnage du vénérable curé Henri, qui avait pour collaborateurs deux vicaires vieil-

lis par les travaux du saint ministère et par les épreuves de la Révolution. (1)

Il arrivait plein de santé, de jeunesse et de zèle.
Avec sa bonne volonté, il dut se multiplier pour suppléer à l'impuissance de ses confrères.

Son rôle ne pouvait aussi longtemps demeurer
effacé. Il se fit remarquer par sa modestie et par sa
grande piété, par la sagesse de ses conseils et par son
zèle dans l'accomplissement de ses devoirs, par son
détachement du monde et la régularité de ses habitudes, par la sévérité de ses mœurs et son amour de
la retraite. Frappée de ce contraste entre sa jeunesse
et sa maturité, la population s'émut, elle s'enquit, et
ses investigations mirent en lumière cette vie si pure
et acquirent à l'homme les sympathies conquises par
le prêtre.

Tel est le privilége, telle est aussi la récompense de
la vertu ; elle rayonne, quand Dieu le veut, à son insu
et comme malgré elle.

Un jour de l'année 1834, le cardinal d'Izoard, qui
administrait alors le diocèse, revenant de Toulouse à
Auch, s'arrêta quelques heures à l'Isle et descendit au
presbytère.

Il vit le jeune vicaire. La distinction de ses manières,
la douceur de sa physionomie, sa modestie, sa mansuétude frappèrent le cardinal, qui résolut de l'atta-
cher à sa personne en qualité de secrétaire particulier.
Son Eminence communiqua son projet au vénérable
curé M. Fauré, qui rendit sur son vicaire les meil-
leurs témoignages. Peu de jours après, M. Taste allait
prendre possession de son nouveau poste.

Il partit, et des regrets unanimes l'accompagnèrent,
car il avait acquis, à l'Isle-Jourdain, un grand succès
d'estime.

S'il n'eût consulté que ses goûts, il eût préféré ne
pas quitter la paroisse où il avait gagné déjà tant de

____

(1) MM. Fourment et Faure qui, en 93, avaient préféré l'exil à
l'abjuration de leur foi.

sympathies. Mais les désirs de son supérieur étaient pour lui un ordre, il s'y soumit.

Ainsi honoré par une distinction qui aurait pu satisfaire son cœur s'il eût été ambitieux, M. Taste ne perdit rien ni de la simplicité de ses manières et de ses mœurs, ni de sa modestie. Il conserva la régularité de ses pieuses habitudes, qu'il sut concilier avec les devoirs de sa nouvelle position.

Le cardinal d'Izoard, qui savait se prêter aux exigences de la bonne société, avec la dignité que réclamaient son origine et son rang, recevait très souvent à sa table et dans ses salons les notabilités du diocèse.

Le cérémonial, les réceptions, l'étiquette étonnèrent, mais n'éblouirent pas le nouveau secrétaire et surtout ne le séduisirent pas. Il assistait à toutes les réceptions. Il y remplissait les bienséances avec un tact exquis ; mais sitôt que sans y manquer il pouvait se dégager, on le voyait regagner avec empressement son appartement pour y reprendre sa vie calme et laborieuse.

Il était jeune, sans expérience du monde ; il vécut dans ce milieu, au sein d'une société polie, aimable, qui exerça sur son esprit et sur ses habitudes une salutaire influence.

Cette existence, qui eût fait les charmes d'un esprit moins porté à la vie de retraite, n'avait pas d'attrait pour lui. Malgré le soin qu'il mettait à dissimuler ses impressions, le cardinal les avait pénétrées. Il aimait beaucoup son secrétaire, il appréciait surtout sa condescendance empressée à correspondre à ses désirs, la douceur de son caractère, la simplicité de ses goûts, exempts de toute exigence personnelle, et son amour de la règle. Il eût bien désiré le garder toujours auprès de lui. C'était là une espérance qui ne l'entretint pas longtemps dans une vaine illusion.

Averti par l'âge et les infirmités que sa fin pouvait être proche, le cardinal, ne voulant pas laisser à son successeur le soin de récompenser son secrétaire dont il avait admiré les qualités et les vertus, offrit à M. Taste la cure de Condom que celui-ci refusa, plus tard la cure de la cathédrale qu'il refusa encore. La cure de l'Isle-Jourdain étant devenue vacante par la mort du titulaire M. Fauré, le cardinal fut sollicité par les habitants de cette paroisse de leur rendre M. Taste. Quelque temps avant sa mort, M. Fauré lui-même, qui, avec la finesse et la sagacité de son esprit, avait su apprécier la valeur de son vicaire, avait prévenu leur vœu par une démarche personnelle. Son Eminence, touchée d'une pareille démonstration, désirant d'ailleurs être agréable à son secrétaire dont il avait pénétré les désirs, condescendit à des vœux si manifestement exprimés en nommant à là cure de l'Isle-Jourdain M. Taste, qui vit alors se réaliser un des plus beaux rêves de sa vie (1).

Ceci se passait le 18 décembre 1837.

M. Taste rentrait à l'Isle, après une absence de quatre ans, pour succéder à un respectable prêtre, homme de foi, de cœur et d'esprit, qui avait consommé trente ans de sa vie comme vicaire ou comme curé au service et à l'édification de la paroisse (2). Il y retournait avec bonheur. Quel poste pouvait mieux satisfaire ses goûts, mieux répondre à ses aptitudes? Il y fut accueilli par un enthousiasme général, provoqué par le souvenir de ses éminentes qualités, qui, pendant son vicariat, lui avaient rallié ceux même dont il avait combattu les idées ou les principes. Auprès du cardinal, il avait appris la pratique des affaires, les notions administratives et le sage ménagement des esprits. Il était à la hauteur de ses nouvelles fonctions.

Il fut installé, le 3 avril 1838, par M. le vicaire général de Morlond, entouré de sa famille spirituelle tout entière, empressée de le revoir.

J'ai eu la bonne fortune de lire naguère l'allocution qu'il adressa ce jour-là à ses paroissiens. Il ne sera pas sans intérêt d'en reproduire ici quelques extraits.

---

(1) Depuis qu'il avait quitté eette paroisse, il avait toujours désiré y revenir.

(2) M. Fauré, son ancien confrère, qui avait succédé à M. Henri.

Après avoir fait l'éloge du savoir et des vertus privées de son prédécesseur et apprécié dignement le bien qu'il avait fait dans la paroisse, il parle ainsi de lui-même... « Le premier pasteur du diocèse qui daigna m'honorer de sa bonté, m'a dit de venir travailler à votre salut, et sans écouter les justes craintes que m'inspirait une mission pareille, je suis venu. Je dois vous dire, du reste, que les preuves d'intérêt particulier que j'ai trouvé pendant douze ans au milieu de vous, et que quatre ans d'absence n'ont fait que me rendre plus touchantes, ont été des motifs bien puissants pour triompher des appréhensions qui naissaient naturellement de la conviction de mon insuffisance... Comptant pour l'avenir encore sur des dispositions qui me sont si bien connues, j'entrerai avec confiance dans la carrière qui m'est ouverte, et si je n'apporte aucun mérite qui me rassure, je puis, du moins, me rendre le témoignage que j'apporte un peu de bonne volonté...

« Oui, mes frères, je viens avec le désir sincère de vous être utile; je viens vous consacrer mon temps et mes soins; je ne veux avoir d'autre occupation que celle de travailler à la sanctification de vos âmes, d'autre sollicitude que celle de vos propres besoins. Je veux partager vos consolations et vos peines autant que mes forces pourront me le permettre. Je veux être à la disposition de chacun de vous; de jour et de nuit, mes services vous sont acquis. Toutes les conditions, tous les états auront un droit égal à ma sollicitude, parce que je deviens le pasteur de tous, et que vous devenez tous mon troupeau....

« Que je serais heureux si mes services pouvaient vous être utiles, si je pouvais faire fructifier la divine semence que mes prédécesseurs ont jetée parmi vous, si mes paroles pouvaient vous inspirer de la confiance, si je pouvais faire passer dans vos âmes l'amour de la religion et le désir de la pratiquer ! Que je serais heureux si je voyais les pécheurs se convertir, les justes avancer dans la vertu, tout le peuple de cette paroisse devenir un peuple de frères unis par les liens de la charité ! Mais si j'avais la douleur de voir le vice faire des progrès, les discordes s'accroître, la religion dépérir, ah! que je craindrais de n'avoir pas été ce pasteur que la Providence destinait à cette paroisse, et d'être un de ces prêtres que Dieu envoie dans sa colère pour le terrible châtiment des peuples qui ont trop longtemps abusé de ses grâces.

« Malgré tout, je ne dois pas me dissimuler les difficultés qui ne sauraient manquer de s'offrir. Je sais que l'esprit des ténèbres est toujours prêt à traverser tout ce qui est contraire aux desseins qu'il a de détruire et de perdre, qu'il est adroit à semer partout des piéges et des écueils pour faire tomber les pasteurs et frapper les troupeaux; je sais qu'il peut arriver et qu'il arrive même bien souvent que des chrétiens, qui ont peu approfondi la religion, exigent d'un pasteur ce qu'il ne peut leur accorder sans prévariquer contre ses devoirs, et, irrités par des refus, lui suscitent des oppositions qui arrêtent le progrès du bien. Mes frères, je dois protester ici que toutes les fois que ma conscience et mes moyens me permettront de vous être agréable, vous me trouverez disposé.

« Mais si je ne le pouvais, sans enfreindre les règles qui me sont tracées et sans aller contre ma conscience, ce serait en vain qu'on insisterait, fallût-il d'ailleurs s'exposer à toutes les contradictions et à tous les périls.

« Si du haut de cette chaire de vérité je me vois quelquefois forcé de signaler des désordres, la charité et le devoir seront toujours mes guides. Ayez donc assez de confiance en moi, mes frères, pour croire que si je contrarie, si je contriste en quoi que ce soit, même le dernier d'entre vous, la conscience m'en fera un devoir, et rendez-moi cette justice de ne l'attribuer jamais à un sentiment de contradiction. Le Seigneur, qui m'envoie au milieu de vous, est témoin que j'ai l'intention de faire le bien ; aussi il m'épargnera, je l'espère, tout ce que je viens de supposer, et il me fera trouver auprès de vous toute la charité, toute l'indulgence qu'un pasteur a droit d'attendre de ses paroissiens, de ceux à qui il veut se dévouer tout entier... »

En résumant ainsi les dispositions de zèle et de dévouement qu'il apportait à cette paroisse à laquelle il venait se consacrer, en faisant ainsi son serment de profession auquel il est resté fidèle jusqu'à sa dernière heure, il se dépeignait lui-même beaucoup mieux que personne n'eût pu le faire.

M. Taste appartenait désormais à la paroisse de l'Isle-Jourdain.

C'est sur ce nouveau théâtre de sa vie et de ses œuvres que nous allons apprécier son caractère.

Ici commence cette action puissante qui, par ses généreux et constants efforts, devait transformer sa paroisse.

La nature, sans avoir été pour lui prodigue de ses dons, l'avait néanmoins doué d'un ensemble de qualités précieuses, et la grâce perfectionnant ses qualités naturelles, il put devenir, non pas une individualité, mais un homme, pour parler la langue du monde, et, ce qui est plus encore pour des croyants, un saint, selon l'acception du mot chrétien.

Une taille plus que moyenne, une physionomie agréable, une figure pleine de bonté, un front large couronné de cheveux noirs, une régularité de traits reflétant une teinte pâle, des manières nobles et aisées, un maintien plein de dignité et de modestie, une démarche posée et digne, telle était son enveloppe physique à travers laquelle perçait l'esprit qui l'animait.

Sa rencontre était grave et agréable, sa conversation affable; sa candeur réjouissait ceux qui le regardaient et leur imposait par sa gravité.

La régularité dans ses habitudes, la simplicité dans ses mœurs, l'exactitude rigoureuse dans l'accomplissement de ses devoirs, la résignation et la patience dans les épreuves, la prudence et la modestie dans les actes, la charité et le zèle dans les œuvres, le mépris de soi-même, l'amour pour la prière et les mortifications, sont les vertus qu'il s'efforçait de pratiquer et qui le caractérisaient.

Détaché du monde, avec lequel il avait généreusement rompu pour se donner à Dieu, la paroisse était pour lui sa famille tout entière, dans sa généralité

la plus complète, aimant tous ses paroissiens à titre
égal d'enfants de son Eglise, de créatures de Dieu;
les honorant tous au même degré, quelle que fût la
part, grosse ou petite, de l'héritage commun que
la naissance, l'hérédité, le travail, le succès ou le revers, la faveur, la bénédiction ou la rigueur de la
Providence leur avait assignée.

Son habitation, dont l'accès était si facile pour tout
le monde, mais surtout pour les pauvres, reflétait un
peu la gravité monastique. Rien chez lui n'était ar-
rangé pour l'effet, on ne pouvait y recevoir que l'impression d'une austère morale, d'une haute piété et
d'une sainte résignation.

Calme et retirée, d'une régularité sans raideur, sa
vie avait la simplicité digne qui convient à celui pour
qui le sacerdoce est une sainte mission. Remplie
exclusivement par les travaux du ministère, la mati-
née était consacrée à la messe, aux catéchismes, aux
confessions, la visite aux malades, aux infirmes dans
la ville ou à la campagne. Les soins d'administration
cantonale, les affaires paroissiales, l'accueil aux paroissiens qui venaient solliciter ses conseils, l'accomplissement des devoirs sociaux, partageaient ses
après-midi. Aux approches du soir, il revenait à
l'église faire ses prières, entendre les confessions ou
présider aux cérémonies particulières dont le soin lui
incombait quand il était de semaine. Telle était sa
vie de tous les jours.

Le service de la paroisse est pénible. Indépendam-
ment des occupations ordinaires, le service à quinzaine
d'une chapelle de secours, le service quotidien de la
chapelle du couvent, la prédication à trois messes le
dimanche, la prière publique tous les soirs, les con-
férences des diverses congrégations une fois par semaine, l'assistance régulière aux offices en habit de
chœur exigent du clergé une constante activité.

Néanmoins, toujours infatigable, M. Taste n'usait
avec ses vicaires d'aucune prérogative : il avait assez
d'activité et surtout assez d'énergie pour suffire à
toutes ses obligations. Malgré la multiplicité de ses
occupations, comme le plus jeune de ses quatre vicai-

res, il faisait sa semaine, montait en chaire à son tour et assistait à toutes les cérémonies de son église.

Il n'a jamais éparpillé son temps ni sa vie. Il ne quittait son presbytère, il ne s'éloignait de sa paroisse que pour des absences de très courte durée ou pour des affaires d'une importance réelle. Il recevait avec bonheur les visites des siens et les leur rendait rarement. Depuis que, par un serment solennel, il avait substitué dans son cœur, à sa famille naturelle, la paroisse, il lui consacrait toutes ses affections et tout son temps. Dans les rares loisirs que lui laissait son administration, il n'éprouvait pas de plus grand bonheur que celui de se donner à la prière dans le recueillement, à la méditation dans la solitude. C'est là qu'il retrempait son âme, qu'il puisait de nouvelles ardeurs et qu'il ravivait sa grande confiance en Dieu pour le succès de ses travaux.

Il avait à la très sainte Vierge une grande dévotion, dont les ardeurs pénétraient son âme de cette flamme intérieure qui suscite les saints dévouements. Il n'avait pu mieux la pratiquer qu'en s'enrôlant sous la bannière de saint Dominique, dont il fut un des fils les plus édifiants (1).

Ne se proposant en tout, dans ses intentions, dans ses soins, dans ses actes que la plus grande gloire de Dieu et le plus grand bien des âmes, il était attaché invariablement à ses devoirs et absorbé par les soins de son ministère, auquel il consacrait tous ses instants. Il ne donnait jamais au monde que les relations nécessaires.

Scrupuleux observateur des convenances, il les gardait rigoureusement. Lorsqu'il avait été l'objet de quelque prévenance ou de quelque attention, il se hâtait de s'acquitter, non pour se décharger plus vite d'un fardeau qui lui pesait, mais pour satisfaire aux mouvements empressés de son cœur.

Les considérations d'intérêt personnel n'exercèrent

(1) Il était du tiers-ordre ; il avait pris l'habit le 20 mars 1861 et fait profession le 25 mars 1863.

jamais chez lui que peu d'empire. Il les tenait d'une importance trop minime pour qu'il les reflétât dans ses actes. Aussi n'était-il sensible à l'estime des hommes et ne recherchait-il leur faveur, que lorsque la gloire de Dieu et l'utilité du prochain le demandaient.

Sans être défiant ni soupçonneux, il ne se fiait pas à tout le monde ; il ménageait l'amitié de tous ses paroissiens, mais il ne se confiait presque à aucun, parce que s'il y en avait parmi eux qui eussent eu la volonté et le pouvoir de le servir, il y en aurait eu bien davantage qui auraient pu, avec les meilleures intentions d'ailleurs, lui rendre de mauvais offices. Il avait le visage toujours ouvert, mais il savait n'ouvrir qu'à propos ses lèvres et son cœur. Les esprits frivoles lui reprochaient d'être peu communicatif. Dans sa position, cette réserve sévère n'était que de la prudence. Inviolable dépositaire des secrets ou des confidences que la douleur, le chagrin ou l'infortune venaient lui confier, jamais il ne lui échappait la moindre parole qui pût même les faire soupçonner.

Il n'eut que de très rares amitiés particulières, il n'avait pas le temps de les cultiver. Il eut en revanche l'amour et le respect de toute la paroisse.

Il était toujours d'humeur égale et il apportait toujours dans ses actions les mêmes dispositions d'esprit et d'habitude, de sorte que la variété des choses et la différence des temps le trouvaient toujours égal à lui-même. Il soumettait toujours sa volonté à l'autorité d'en haut, faisant ainsi le plus sublime usage de sa liberté en l'abdiquant entre les mains de Dieu.

Pour ne pas s'exposer à manquer de charité envers son prochain, ou à le juger légèrement, il était dans ses entretiens d'une retenue extrême pour juger et condamner les défauts d'autrui, et d'une circonspection tout aussi grande pour parler ou entendre discourir des fautes de son prochain, quand même elles étaient notoires.

Doué d'un bon esprit, il jugeait favorablement les autres, excusait leurs faiblesses et rendait entière justice à leurs vertus. Il supportait patiemment les travers de caractère ou les caprices des personnes avec lesquelles il était obligé de vivre. Quand il était forcé de reprendre, il le faisait avec bonté et avec douceur. Le grand amour du prochain qui l'embrasait lui enseignait en toutes circonstances ce qu'il avait à faire. Il n'était ni tranchant ni décisif. Il ne se prononçait sur les affaires sérieuses qu'après avoir bien tout pesé, et ses jugements, mûris par la réflexion, étaient remarquables par la sagesse et la prudence de la solution.

L'administration de sa paroisse offrait des difficultés de diverse nature. Il savait tourner les obstacles, apaiser les esprits émus avec une sagesse pleine de tempérament. Il sortait ainsi de toutes ces difficultés où d'autres auraient pu laisser quelque chose de leur crédit, sans même encourir de blâme. Aux jours des discordes sociales, au milieu du tumulte et de la confusion, il étendait sa main pour bénir également vainqueurs et vaincus.

Ministre d'une religion qui fait régner l'esprit et qui lui donne l'empire sur la matière, il n'avait pour les nécessités de la vie ni exigences personnelles, ni délicatesses. Néanmoins, il donnait avec empressement et sans ostentation l'hospitalité avec bonne grâce et avec libéralité.

Dans les retraites ecclésiastiques, où une fois tous les ans il allait renouveler son âme et son zèle, il excitait, par son amour de la règle, par son recueillement, sa modestie et sa piété, l'admiration des prêtres qui en suivaient les pieux exercices.

Voulant l'harmonie partout, il avait, en administrateur habile, assujéti ses vicaires à venir tous les jours, après leur dîner, prendre leur récréation au presbytère.

Dans ces entretiens familiers, il étudiait, avec une prudente sagacité, les inclinations naturelles de chacun d'eux; il les excitait à la vertu, les animait à la perfection, s'accommodait à tous, condescendant à leurs désirs et les entretenant dans des sentiments de cordialité et de sympathie; sollicitant d'eux, avec une prévenance affectueuse, les avertissements, leur donnant les siens avec une affection de cœur toute paternelle, il les dirigeait dans l'ordre des travaux, il leur distribuait les rôles, s'en réservant toujours un pour lui, car il n'abusait jamais de ses prérogatives et ne les exerçait qu'avec mesure. C'était une admirable et permanente confraternité sacerdotale, entretenue par un libéral et confiant développement de franchise, où chacun apprenait à s'estimer, où chacun, par une émulation pacifique, s'exhortait au progrès de la vertu et au progrès spirituel de la paroisse.

Il ne leur imposait jamais sa volonté d'autorité. Il la faisait pressentir, cherchant, par des circonlocutions ou par des ménagements, à présenter ou à insinuer ses dispositions à ses collaborateurs; mais plutôt que de les heurter, y renonçant, ou réservant pour lui le soin de les satisfaire, il obtenait ainsi d'eux, par déférence, par respect ou par dévouement, tout ce dont il pouvait désirer l'accomplissement.

Prévoyant et attentif, il veillait à leur intérêt. Par des procédés toujours affectueux, par des prévenances délicates, il attirait à lui les cœurs de ses collaborateurs, et presque à leur insu il leur faisait accepter ses volontés.

Le premier au travail, le dernier au repos, il se dérangeait volontiers pour accommoder les autres. En prêchant ainsi d'exemple, il entretenait leur zèle et leur activité, mieux qu'il ne l'eût fait encore par ses paroles.

Un jour, l'un de ses jeunes vicaires, qui n'avait pas encore des fatigues du ministère une très grande habitude, commençait sa semaine un dimanche, jour où la multiplicité des cérémonies, auxquelles il lui incombait de présider, semblait devoir rendre un peu lourd le poids du travail. La crainte de ne pouvoir suffire à sa tâche le préoccupait; il exprime ses inquiétudes à son supérieur. *Mon ami*, lui dit M. Taste pour calmer son anxiété, *vous vous êtes trompé; ce n'est pas votre semaine qui commence, c'est la mienne;* et il se mit à la place de son vicaire.

Dans ses rapports avec le conseil de fabrique, il usait des mêmes ménagements. Il était convaincu, avec raison, que la conduite des affaires de son église

et la condition intérieure de son conseil étaient liées
entre elles par un rapport de dépendance réciproque.
Aussi, dans ses délibérations, il se soumettait volontiers contre son opinion propre, et abdiquait souvent
son initiative dans l'inspiration et le contrôle de ses
fabriciens. En prévenant ainsi les conflits, il n'a
jamais eu de crise, jamais de contention, jamais de
signe de défiance. En fonctionnant ainsi, sans frois-
sement possible, il n'avait jamais d'opposition à ses
volontés.

Malgré l'austérité de sa vie et la mortification de
sa chair, car il portait le cilice, malgré son zèle pour
le salut des âmes, il n'était ni sévère, ni importun, ni
fâcheux; mais toujours doux et facile, il se faisait
tout à tous pour gagner des âmes à Dieu. Il avait
pris sur ses sens un si grand empire, qu'il avait
acquis une paix admirable à son âme et une tran-
quillité si parfaite que rien ne semblait pouvoir la
troubler.

Tel fut le prestige de ce beau caractère, que les
passions politiques, si haineuses et si brûlantes, se
taisaient devant lui.

Digne émule de saint Martin de Tours, patron de
sa paroisse (1), et de saint Bertrand de Commin-
ges (2), à la vénération duquel il avait, dans son
église, une chapelle consacrée, il s'appliquait à imi-

---

(1) Sur un des tableaux qui décorent le sanctuaire de l'église,
saint Martin est représenté arrivant à cheval devant les portes de la
ville de Tours. Là, il rencontre un mendiant glacé de froid. Touché
de compassion à sa vue, saint Martin arrête son cheval, détache
son manteau, dans les plis duquel il abritait son corps contre les
rigueurs de la saison, et le jette sur les épaules du mendiant.

(2) Dans une antienne, chantée tous les dimanches, après les
vêpres, en l'honneur de saint Bertrand, originaire de l'Isle-Jourdain,
on remarque ces expressions qualificatives des vertus du saint : *pru-
dens et justus, fortis, mitisque modestus* (prudent et juste, courageux
et fort, doux et modeste).

Le lecteur peut se convaincre, par ce qu'il a déjà lu et par ce
qu'il va lire, que le rapprochement n'est pas exagéré.

ter, l'un dans sa charité, et l'autre dans ses grandes vertus.

C'est dans ses œuvres, surtout, qu'il était admirable. Il considérait la charité comme la première et la plus excellente des vertus, parce qu'elle rend l'homme semblable à Dieu dans l'un de ses plus glorieux attributs, qui est la bonté. Toujours docile à cet admirable conseil de saint Basile : *Si vous n'avez que deux pains pour vivre, et qu'il se présente un pauvre à votre porte, prenez-en et donnez-lui pour l'amour de Dieu*, il n'a jamais fermé ses oreilles à la voix des pauvres. Résistant aux considérations qui flattent les inclinations naturelles, il n'a point thésaurisé pour sa famille ; mais, comme dit le Prophète, *il a répandu ses biens, il a fait des dons, des libéralités aux pauvres ; sa justice et le mérite de ses œuvres, demeureront éternellement.*

Plus prévoyant que les hommes du siècle qui, trop attachés aux biens de la terre, remettent à la dernière heure l'accomplissement des œuvres satisfactoires, que des héritiers ingrats ou indifférents oublient ou négligent bien souvent, il donnait, par avance, aux pauvres les biens qu'il possédait ici-bas, afin de devenir riche de ceux de l'autre vie, qu'il ne possédait pas encore. Inspirées par cette sainte prudence, ses aumônes étaient de tous les jours ; ainsi, comme dit saint Grégoire, *il transportait ses trésors dans le ciel, et réservait pour l'autre vie ce qu'il lui aurait fallu nécessairement laisser en quittant celle-ci.*

Sa pieuse sollicitude, mêlée à une tendresse compatissante, l'avaient constitué l'ange gardien de sa paroisse. Généreux et bienfaisant, il pénétrait partout où il y avait des larmes à essuyer, des douleurs à consoler, des misères à soulager. Il suivait ses paroissiens à travers tous les événements de leur vie, visible seulement quand ils avaient besoin de lui. C'était le génie tutélaire de leurs mauvais jours.

Il aimait à rendre service ; si quelquefois il prenait les précautions que prescrit la prudence, il oubliait cette vertu quand la nécessité était pressante.

Lorsque ses largesses avaient épuisé ses ressources

personnelles, qui étaient le superflu du plus strict nécessaire, entraîné par un penchant irrésistible, il se faisait l'avocat des pauvres.

Entre la pitié du riche et les besoins de l'indigent, il faut un intermédiaire qui, dans un ineffable commerce de bonnes œuvres, éclaire l'un sur la nature et l'étendue des autres.

Grâce à lui, nul besoin n'échappait au secours que la Providence ménage ; mais aussi ces secours arrivaient au vice accompagné de sévères avertissements, et l'imposture ne les obtenait qu'avec peine, lorsque le vice était l'oisiveté. Grâce à lui, il n'existait aucune douleur assez secrète pour qu'elle n'eût un confident. Car le prêtre ne peut humilier personne, lui qui n'est que le canal par lequel passent les bienfaits de tous. S'il prétend à quelque reconnaissance, celle qu'il réclame, la seule à laquelle il ait droit, est une reconnaissance d'amour. Aimez le Maître qui vous l'envoie, aimez-le lui-même, et votre dette est payée ; priez pour lui, il devient votre débiteur.

Chaque jour était marqué par de nouveaux bienfaits, que sa pieuse modestie couvrait d'un voile impénétrable ; mais ce voile fut cruellement déchiré, quand les larmes qu'il tarissait coulèrent sur sa tombe.

Toutefois, la miséricorde ne s'exerçait pas seulement sur les corps, elle s'exerçait aussi envers les âmes.

Avec quel empressement affectueux ne recevait-il pas celles qui étaient tourmentées par les épreuves de la terre ? Sa voix, qui les consolait, était toute-puissante auprès d'elles.

Aussi, dans ces heures du temps où le dégoût de la vie s'agite, où le cœur se décourage, où les forces défaillent, l'homme victime de ses erreurs allait trouver ce bon M. Taste. L'homme de Dieu tendait la main à l'homme du siècle, comme si la main de celui-ci eût été toujours pure, et, dans ses paroles, il trouvait une consolation pour chaque peine, un délassement pour chaque fatigue, une force de résignation pour chaque découragement.

Il blâmait les mauvaises actions avec une telle autorité, que l'on ne résistait pas à ses conseils, néanmoins avec tant d'énergie et de douceur, que l'on ne s'en offensait pas et que l'on se corrigeait.

C'était l'ange de Dieu montrant le ciel à ceux qui qui souffraient pour soutenir leur énergie.

Excellent directeur des consciences, il savait, dans les confidences intimes du confessionnal, se rendre éloquent par le langage des saintes inspirations et des célestes pensées. Là, se mettant en rapport complet avec l'état des esprits et des cœurs qu'il avait à sanctifier, il avait un enseignement spécial pour chacun d'eux, afin d'opérer plus promptement et plus efficacement sur eux dans le retour qu'ils avaient à faire dans la vérité ou dans la fidélité qu'ils devaient lui garder.

Dans ces rapports particuliers avec les cœurs, sa parole, retentissant jusques dans les profondeurs de l'âme, rendait son influence moralisatrice très puissante. Dans ces exhortations intimes, en développant les théories pratiques de l'Evangile, il assurait le règne de Jésus-Christ sur les cœurs, et il élevait la faiblesse humaine à la noblesse des sentiments, à la dignité de la vie chrétienne, à la sainteté des mœurs.

Que de reconnaissance la génération qui descend aujourd'hui le versant de la vie doit à ce maître de la vie spirituelle, pour avoir maintenu dans le foyer domestique l'ordre, la paix et l'union, et dans notre société, la pureté et la dignité des mœurs, pour avoir jeté dans tous les cœurs les germes des vertus morales qui forment les bons citoyens.

Ce fut là un des plus grands mérites de son action moralisatrice, que tous ses contemporains proclameront et dont leurs descendants envieront l'influence.

M. Taste aimait beaucoup les enfants. Cette partie de son troupeau était pour lui doublement intéressante et par les maux sans nombre dont la jeunesse est menacée et par les immenses services qu'elle peut rendre à la société suivant qu'elle demeurera incrédule ou chrétienne. Il tenait essentiellement à leur donner sur la foi des enseignements solides. Il prenait un soin particulier à leur bien enseigner le catéchisme. C'est dans ces instructions familières que son âme et son intelligence se faisaient sentir. Doux, patient ou sévère, suivant les dispositions de l'enfant, il enseignait les vérités religieuses en prêtre de Jésus-Christ; il appelait à son secours toute la simplicité apostolique, et sa parole, mise ainsi à la portée de ces jeunes intelligences, pénétrait dans l'esprit et le cœur de son jeune auditoire.

Les hommes faits étaient aussi pour lui l'objet d'une constante sollicitude; selon les paroles de l'Ecriture, *il avait soif de leur salut*. Comme un bon pasteur il ne négligeait rien pour ramasser les brebis de Jésus-Christ qui étaient égarées. Quand les enseignements des vérités religieuses qui, tous les dimanches, du haut de la chaire paroissiale, étaient donnés à son peuple, lui paraissaient dédaignés ou insuffisants pour ramener au bercail les brebis perdues, alors il appelait à son secours des ouvriers évangéliques, des orateurs sacrés d'un talent supérieur, qui parvenaient à réunir, pour se faire écouter dans le sanctuaire, d'autres auditeurs que des croyants de foi vive et exemplaire. Aussi dans cette paroisse, où sous son patronnage une piété sincère, une charité active combattent la coupable indifférence et le froid égoïsme, où les bons exemples effacent les scandales, où le doute, l'incrédulité ou l'ignorance étaient dissipés par des trésors de science, son église a retenti souvent sous son administration, mais principalement dans quelques circonstances solennelles, de nobles appels aux générations. (1)

La foule se pressait autour de la chaire de vérité.

(1) 1840, mission; 1841, station de carême; 1850, retraite pendant le temps pascal; 1852, jubilé sous forme de mission; 1858, jubilé, station de carême; 1865, jubilé, mission, sans compter les retraités prêchées au couvent de Notre-Dame, les sermons de charité, les sermons des confréries donnés par les prédicateurs en renom, tels que les RR. PP. Portal, Goudelin, Saudreau, Mathevou, Minjard, Marie-Antoine, M. l'abbé Salvan, etc.

Bien des hommes qui avaient perdu la croyance dans le commerce de l'impiété, ou qui avaient perdu la raison dans le tumulte des affaires de `la terre, sans élever jamais leur pensée jusqu'à Dieu, ne demeuraient pas sourds ou inattentifs à de si graves leçons.

C'est ainsi qu'il est devenu l'instrument du salut de plusieurs.

Les jeunes filles de la paroisse avaient une large part à ses saintes préoccupations. Les dangers qu'elles courent dans le monde pesaient sur son cœur. Les conserver dans la dévotion, les prémunir contre les écueils, prévenir les scandales, fut une pensée qui excita toujours son zèle. Ce fut cette grande pensée qui présida à la fondation de la congrégation des jeunes filles.

Il se rendait un compte trop exact de la force que les âmes puisent dans la religion, et de l'indifférence de certains parents pour la faire intervenir dans l'éducation, pour ne pas désirer de suppléer à ces négligences par des instructions spéciales. Il réunissait dans ce pieux dessein, tous les dimanches, les jeunes personnes de la paroisse sous le regard et le patronnage de la reine des vierges dans un séjour d'innocence et de modestie, d'où elles pouvaient sortir mieux armées pour les luttes de la vie. Il attachait à cette œuvre, qui touchait aux intérêts de la jeunesse et à ceux de la famille, une grande importance. C'était son œuvre de prédilection, parce qu'à elle se rattachait tout l'avenir de sa paroisse. C'était là qu'était pour lui l'intérêt vital de ses pieuses combinaisons.

Toute sa sollicitude, tous ses soins, toute sa ferveur pour le succès de cette œuvre produisirent de grands fruits.

Les femmes avaient aussi leur congrégation ; les veuves, leur confrérie ; la jeunesse et les hommes de premier âge, leur conférence de Saint-Vincent-de-Paul ; les hommes sur le retour de l'âge, la confrérie du Saint-Sacrement ; les cœurs dévoués à la Reine du ciel, leur mois de Marie et le Rosaire-Vivant ; les âmes ferventes désireuses de mourir en paix avec

Dieu, la confrérie de la Bonne-Mort sous le patronnage de Saint-Joseph ; les cœurs dévoués au triomphe de Jésus-Christ sur la terre, la Propagation de la Foi ; les ·enfants négligés des parents et désireux d'apprendre le catéchisme, des zélatrices nombreuses et l'œuvre de la Sainte-Enfance. Toutes ces pieuses institutions devaient, les unes, à l'initiative de M. Taste, leur fondation ; les autres, à son zèle, leur régénération.

Ce pieux pasteur donnait toujours, dans la mesure la plus large possible, satisfaction à toutes les aspirations religieuses, à toutes les dévotions particulières. Il croyait, en effet, que l'union des âmes et des cœurs sous une même règle, dans un intérêt d'avenir éternel, était tout aussi utile dans la société que les combinaisons économiques dans un intérêt de fortune terrestre.

On ne peut nier qu'avec tous ces moyens il n'ait imprimé à sa paroisse un grand mouvement religieux, et qu'il ne l'ait fait grandir en vertu et en piété.

Une des œuvres qui lui fut bien chère, c'était le recrutement de la milice sacerdotale. Il consacrait à la soutenir une partie de ses revenus. Mais ses ressources ne pouvant suffire à son zèle, il intéressait à son succès la piété de ceux de ses paroissiens qui, les mieux favorisés des biens de la terre, pouvaient lui en faire part. Secondé par leur générosité, il a pu, pendant son administration paroissiale, faire consacrer au service des autels vingt-deux prêtres qui tous sont en activité dans le diocèse, qui seront auprès de Dieu l'auréole de sa gloire.

Il aimait aussi beaucoup son église ; il en avait trouvé le bâtiment presque neuf ; sa construction datait de 1795. Mais si elle était achevée à l'extérieur, il restait à l'intérieur beaucoup à faire. Les murs étaient nus ; les chapelles pauvrement décorées, les autels en plâtre, modestement ornés, contrastaient avec la majesté du lieu et les proportions de l'édifice. Les ornements et les vases sacrés n'étaient ni riches ni nombreux. Il avait ainsi à pourvoir à bien des améliorations que les circonstances et le grand âge de son prédécesseur n'avaient pas permis à celui-ci d'exécuter. C'était une entreprise digne de son zèle pour la maison de Dieu.

Il se mit à l'œuvre avec l'intrépide confiance que donne la foi en la Providence.

Ses desseins furent compris, et la paroisse s'y associa. Aidé tantôt par des dons manuels, tantôt par des souscriptions, tantôt par des dons de derniere volonté, il a pu garnir les murs de tableaux, enrichir les chapelles de beaux autels de marbre, substituer aux vases sacrés d'argent des vases de vermeil, remplacer les ornements de soie par des ornements de drap d'or et en augmenter le nombre, donner par des verrières à son église une teinte de recueillement, la doter d'un magnifique dais, ajouter dans les cérémonies de culte, aux accords des voies humaines, les accords des voix d'un orgue dont la puissance et l'harmonie, en émouvant l'âme, la rapprochent de Dieu ; puis peupler son clocher de cloches plus nombreuses et aux sons plus vibrants pour mieux convier ses paroissiens à la prière ou aux solennités du culte, et ériger comme couronnement de ses œuvres, en l'honneur de la Reine des cieux, un magnifique monument commémoratif de la mission de 1865. (1)

Soixante mille francs, au moins, ont été prélevés sur les paroissiens pour ces diverses restaurations, sans lasser ni importuner leur générosité.

Il a vu, de plus, se fonder, sous son patronnage, un couvent de religieuses de Notre-Dame, et il a contribué à l'édification d'un superbe oratoire au style ogival (treizième siècle) et aux peintures murales du même genre (2).

---

(1) A cette occasion, une superbe statue, représentant la Vierge-Mère, a été placée sur le plateau qui domine la ville, au lieu même dont le choix lui fut suggéré un jour pendant qu'il disait la sainte messe.

(2) En dehors du concours de la paroisse et de celui de son entourage, il est un homme, membre de son conseil de fabrique, dont la collaboration lui fut toujours efficace par les aptitudes de son intelligence, et qu'au risque de blesser sa modestie, je dois nommer ici, c'est M. Zacharie Taupiac, qui, pour l'exécution de toutes ses entreprises, fut son collaborateur *in partibus,* toujours animé d'un zèle admirable.

Telles sont les œuvres de visible utilité morale et religieuse qui embrasaient son cœur, qui excitaient son zèle et consumaient son temps.

Tel fut son caractère, qui n'était point un effet de de tempérament accidentel, mais bien le développement normal d'une faculté ou plutôt le résultat d'un ensemble de rares facultés dont le ciel l'avait doté.

Pendant vingt-huit ans de cette vie laborieuse et active, il n'a jamais éprouvé de lassitude; il savait qu'il ne fallait pas l'attendre, car elle énerve l'intelligence et la volonté.

M. Taste sut toujours être le véritable prêtre catholique, c'est-à-dire un homme de dévouement et d'expiation, une victime pour son peuple, désirant, comme saint Paul, d'être anathème pour lui, sacrifiant tout pour être à la hauteur de sa mission divine, ne s'appartenant plus à lui-même, et prêt à donner sa vie au premier chrétien qui en aurait eu besoin.

Il sut toujours édifier sa paroisse par ses vertus, et ses confrères par ses exemples.

Il semblait avoir encore de longues journées à vivre, et sa constitution robuste était de nature à augmenter les espérances de ceux qui faisaient des vœux pour que cette vie, si précieuse à la paroisse, fournît une longue carrière. Mais les travaux de cet homme apostolique avaient épuisé ses forces avant l'âge.

Comme la lampe du sanctuaire, il s'est épuisé en éclairant.

Ce fut en 1862 qu'il ressentit les premières atteintes du mal qui devait le ravir à ses paroissiens; cependant personne ne se doutait du danger, car rien n'était changé dans ses habitudes. Comme s'il eût été en parfaite santé, il vaquait à ses occupations ordinaires : l'amour et l'esprit de Notre-Seigneur, qui vivaient en lui, soutenaient par sa grâce la faiblesse de son corps. Les progrès de la maladie furent lents; toutefois, désormais, malgré les soins pieux dont on l'entourait, sa vie ne fut plus qu'une alternative de de souffrance et de courts instants de repos. C'était un spectacle à la fois douloureux et imposant de voir persister, à travers les crises du mal, la lucidité de l'intelligence, l'élévation du sentiment, l'énergie du devoir.

Quelques mois à peine avant l'événement fatal, toute illusion de le conserver longtemps s'était évanouie.

Dès lors aux jours calmes succédèrent des jours d'alarme.

Ce fut le 14 janvier 1867 qu'il fut frappé du coup qui devait retentir si douloureusement parmi ses paroissiens. La veille, qui était un dimanche, il avait assisté aux offices et avait présidé son conseil de fabrique. A huit heures du matin de ce jour, après son lever, il était seul dans sa chambre, devant son feu ; il venait de prendre quelques aliments qui lui avaient été servis par la personne que Dieu avait placée à son foyer pour veiller aux soins matériels de sa maison, et qui a rempli sa tâche pendant vingt-huit ans avec le pieux dévouement et la fidélité d'une âme fortement trempée par la foi (1). A peine sa domestique avait-elle quitté son appartement, qu'elle entend vivement agiter la sonnette ; elle accourt et trouve M. le curé évanoui sur son fauteuil. On le dépose sur son lit ; peu à peu les sens se raniment. Son médecin, averti, s'empresse pour lui prodiguer ses soins ; mais son art est désormais impuissant ! Le premier vicaire (2), son confident intime, informé de l'événement, se rend en toute hâte pour lui apporter les consolations suprêmes de la religion ; il parut touché de sa sollicitude ; mais les accents de cette voix, par lesquels il instruisait naguère sa paroisse, ne peuvent se mêler aux exhortations du prêtre. Sa voix déjà éteinte ne pouvait répéter les paroles sacrées, mais par des signes non équivoques il y adhérait de cœur et d'esprit, et manifestait le calme et la paix de la conscience.

Quand il a compris que la dernière heure approchait, à ce moment suprême, rappelant à lui tout ce

(1) Catherine Castéra.
(2) M. l'abbé Gaillard.

qui pouvait lui rester de forces, il a voulu donner à sa paroisse un dernier témoignage de son amour, et de son lit de mort où tout s'éteignait, élevant vers le ciel ses mains jointes et pressées contre un crucifix, pour la dernière fois il a béni la paroisse tout entière. Quelques instants après, il avait cessé de vivre.

A cinq heures du soir de ce même jour, il rendait sa belle âme à Dieu.

Aussitôt annoncé par le son lugubre des cloches, ce fatal événement provoqua dans toute la paroisse une explosion générale de regret et de douleur, qui attesta publiquement combien était grande la perte du vénérable et vénéré pasteur que Dieu venait de rappeler à lui.

Ses restes mortels furent, dans la soirée même, placés dans sa chambre transformée en chapelle ardente. Le lendemain, une affluence considérable de paroissiens se pressait dans l'appartement, trop étroit pour contenir tous ceux qui venaient contempler ses restes, étudier ce visage, conservant, sous la pâleur de la mort, l'empreinte de la pensée qui vient de se retirer, du sentiment qui vient de s'éteindre. Pendant deux jours, la population accourut, en se poussant comme des vagues pour le voir, baiser sa robe ou faire toucher à ses mains ou à ses lèvres des chapelets, des croix, des médailles ; les mères y portaient leurs enfants, tous voulaient le toucher et emporter une impression de la personne de ce fidèle serviteur de Dieu, dont l'âme s'était envolée vers le ciel, laissant après elle une odeur de sainteté.

Ses funérailles furent célébrées le 16 janvier dans son église paroissiale.

Toutes les familles, émues et consternées, furent représentées à cette triste cérémonie. Convoqué à l'église à dix heures du matin, le convoi se mit en marche dans l'ordre suivant :

La croix, précédée du suisse, en tenue de deuil ; les enfants des écoles des garçons et des écoles des filles portant des oriflammes frangées de noir ; la congrégation des filles et la congrégation des femmes avec leurs bannières voilées de crêpes ; les sociétés de secours mutuels de Saint-Martin et de Saint-Bertrand; les chanteuses, la Conférence de Saint-Vincent-de-Paul, la Société philarmonique, le drap d'honneur porté par les représentants de l'autorité locale et par les fabriciens, le clergé du canton, les délégués du conseil municipal; puis une assistance immense d'habitants de la paroisse et des paroisses voisines.

Ainsi disposé, le cortége se rendit au presbytère, d'où, après la levée du corps, qui fut faite par le premier vicaire, il se mit processionnellement en marche et parcourut, dans le calme de la tristesse et de la douleur, les principales rues de la ville pour se rendre à l'église. L'assistance était si nombreuse, que les dernières phalanges ne purent y contenir. L af-fluence était si grande à l'extérieur, que l'église semblait assiégée : chacun voulait y pénétrer pour confondre ses larmes et ses prières avec celles des fidèles qui pleuraient et priaient autour du cercueil. Dans l'intérieur, des draperies mortuaires couvraient les murs ; le clergé était revêtu de ses plus beaux ornements funèbres ; la stalle où M. Taste avait entonné si souvent les chants de la liturgie sacrée était drapée de noir; le confessionnal, où il avait si souvent réconcilié les pécheurs avec Dieu, était voilé de tentures larmoyées ; au centre de la nef, un catafalque richement décoré des livrées de la mort, entouré de flambeaux répandant une clarté sombre, supportait le cercueil. Toutes ces pompes funèbres offraient aux regards attendris le spectacle le plus lugubre. L'église était comme une épouse en deuil pleurant sur celui qui fut si longtemps sa gloire et son soutien.

Au milieu de cet appareil de désolation et de douleur, la messe fut chantée par le digne curé doyen de Samatan (1), et M. le vénérable archiprêtre de Lombez (2) présida à l'absoute. L'office des morts terminé, l'on sortit de l'église pour se diriger vers le cimetière. Le cortége marchait dans l'ordre déjà indiqué, et le

(1) M. l'abbé Palanque, ancien condisciple.
(2) M. l'abbé Lagarde.

bruit de ses pas, morne et silencieux, n'était inter-
rompu de distance en distance, dans le trajet qu'il eut
à parcourir, que par les accords lugubres des instru-
ments de musique, méthodiquement alternés avec les
chœurs des jeunes filles et des hommes chantant les
strophes du *De profundis*. L'on arrive ainsi au champ
de la mort, dont l'enceinte ne peut contenir cette
multitude éplorée. Là, au milieu de ces grandes figu-
res de destruction et d'éternité, au milieu des soupirs
et des sanglots des fidèles de tous les âges et de toutes les conditions, les chantres entonnent les strophes
les plus émouvantes de l'hymne de la mort; le clergé
récite les prières consacrées, et l'on descend dans la
tombe ce cercueil, qui renfermait les dépouilles si
précieuses de ce regrettable pasteur, qui venait d'être
ravi à sa paroisse. Puis chacun à l'envi va répandre
l'eau sainte sur ses cendres, et la foule s'écoule silen-
cieuse et consternée.

Maintenant il ne reste plus rien de lui, rien que le
triste et doux souvenir de ses bienfaits et la conso-
lante pensée que dans le ciel il a obtenu de Dieu la
récompense due à ses vertus. Cette espérance vien-
dra, je ne dirai pas consoler, mais adoucir des regrets
que ne limitent pas les bornes de la paroisse, car
M. Taste fut du nombre de ceux dont les œuvres
ajoutent au pur rayonnement des œuvres diocésaines.

Sa vie n'eut sans doute rien d'éclatant selon le
monde, mais elle fut belle devant Dieu, et admirable
devant les hommes, car elle nous révéla en lui, dans
l'église, le prêtre modèle; dans l'état, le citoyen par-
fait.

L'austérité de ses mœurs, la régularité dans l'accomplissement de ses devoirs, l'amour de la mortification, sa charité si généreuse, son humilité si profonde,
sa mansuétude si aimable, sa prudence spirituelle si
rare, le gouvernement de sa paroisse si efficace et si
tempéré, sa force et sa constance dans les contradictions, la confiance et le courage à entreprendre des
choses difficiles pour l'amour de Jésus-Christ, sa vigi-
lance et sa sollicitude à les exécuter, son fervent
amour de Dieu et du prochain, en ont fait le grand

mérite et lui assurent la vénération de ses contempo=
rains et l'admiration de la postérité.

Toutes ces vertus de cette vie exemplaire ont jeté
des fondements qui soutiendront, au milieu des générations futures, l'édifice des œuvres qu'il a élevées.

Sa vie et sa mort, également pleines de sainteté et
de grâce, deviendront l'instruction de la paroisse.

En mourant, il lui a laissé sa mémoire comme un
précieux héritage, et sa mémoire ne périra pas. De la
poussière du tombeau ses exemples parleront encore
pour s'insinuer dans les cœurs, et les hommes même
qui ont assisté sans profit aux victoires de la vérité éter-
nelle qu'il a su si souvent ménager, béniront encore
sa mémoire comme il les a bénis à son heure dernière.

L'espérance nous le fait entrevoir dans le sein des
béatitudes célestes. De ces hauteurs, il peut contempler son œuvre et la soutenir après sa mort comme il
l'a soutenue pendant sa vie.

In memoria æterna crunt justi, la mémoire des justes vivra éternellement !

Telle est la récompense que Dieu promet aux justes sur la terre ; telle est celle qui est réservée au
pasteur que nous venons de perdre. Toutefois, ce
n'est là qu'un faible rayonnement de l'éclat ou de la
gloire dont il brillera dans l'éternité !

Toulouse. — Typogr. L. HÉRAIL, DURAND et Cᵉ, rue de la Pomme, 5.

www.ingramcontent.com/pod-product-compliance
Lightning Source LLC
Chambersburg PA
CBHW061601080726
47597CB00005BB/2131